INVENTAIRE
V35870

DAGUERRÉOTYPIE.

APPAREIL
RÉGULATEUR BEQUET

Brevet d'Invention,
Sans garantie du Gouvernement.

DESCRIPTION DE CET APPAREIL.—SON EMPLOI, SUBSTANCES CHIMIQUES A SON USAGE.—BROMOFORME CHOISELAT ET RATEL, EMPLOYÉ A L'ÉTAT DE DILUTION.—FLACON MODÈLE CRÉÉ AVEC LE CYANURE DE POTASSIUM.—POLISSAGE.—IODAGE, PROCÉDÉ RÉGULATEUR.—SUBSTANCES ACCÉLÉRATRICES CONCENTRÉES.—VARIATIONS DE LA LUMIÈRE MODIFIÉES.—MERCURE.—LAVAGE.—FIXAGE.

PORTRAITS AU DAGUERRÉOTYPE.

Leçons gratuites, au Laboratoire de MM. LE ROY et Cie,
Palais-Royal, 173.

PRIX : 3 FR.

PARIS,
A L'INSTITUT PHOTOGRAPHIQUE,
PALAIS-ROYAL, 173,
Galerie de Valois.

1845

APPAREIL RÉGULATEUR

PROCÉDÉ BEQUET.

Imprimerie de Cosse et J. Dumaine, rue Christine, 2.

DAGUERRÉOTYPIE.

APPAREIL

RÉGULATEUR BEQUET

Brevet d'Invention,

Sans garantie du Gouvernement

DESCRIPTION DE CET APPAREIL.—SON EMPLOI, SUBSTANCES CHIMIQUES
A SON USAGE.—BROMOFORME CHOISELAT ET RATEL, EMPLOYÉ
A L'ÉTAT DE DILUTION.—FLACON MODÈLE CRÉÉ AVEC
LE CYANURE DE POTASSIUM.—POLISSAGE.—IODAGE.
PROCÉDÉ RÉGULATEUR. — SUBSTANCES AC-
CÉLÉRATRICES CONCENTRÉES.—VARIA-
TIONS DE LA LUMIÈRE MODIFIÉES.
— MERCURE.—LAVAGE.
—FIXAGE.

PORTRAITS AU DAGUERRÉOTYPE.

Leçons gratuites, au Laboratoire de MM. LE ROY et Cie.

Palais-Royal, 175.

PRIX : 3 FR.

PARIS,
A L'INSTITUT PHOTOGRAPHIQUE,
PALAIS-ROYAL, 173,
Galerie de Valois.

1845

AVERTISSEMENT.

S'il est une conquête d'une valeur supérieure qui, parmi tant de créations nouvelles, ait honoré notre siècle, et dont la marche éminemment progressive excite l'attention générale avec un intérêt toujours croissant, c'est sans contredit l'inappréciable découverte de Daguerre.

Que n'a-t-on pas tenté en effet depuis que l'art photographique a pris rang parmi les sciences d'application, avec quelle incessante activité, d'habiles et savantes intelligences se sont animées pour atteindre le point où l'on est arrivé aujourd'hui ! Que de faits intéressants ont été constatés, qui doivent infailliblement en produire d'autres, plus remarquables peut-être, dont on ne peut encore prévoir toute la portée.

Quoi que du reste il en puisse advenir, il est incontestable qu'un pas immense a été fait depuis l'apparition du météore que nous a le premier signalé l'homme de génie auquel la gloire en appartient.

Sans doute, en voyant ses contemporains de tous les pays marcher si dignement sur ses traces, il lui a été facile de se convaincre que, sous ce rapport aussi, la reconnaissance publique ne lui avait pas fait défaut; car, de toutes parts, on s'est empressé de répondre à son appel, et, loin de se ralentir, on a tenté de pénétrer plus avant par de nouvelles investigations.

Ce qui prouve ce que nous avançons ici, c'est qu'à peine voit-on éclore une idée qui se rapporte au daguerréotype, que tout d'abord elle est accueillie et recherchée avec empressement; et, pour peu qu'il y ait le moindre progrès obtenu, on ne tarde pas à la voir généralement adoptée.

Mais aussi, que de systèmes erronés, que de tentatives infructueuses viennent se briser devant des difficultés à la solution desquelles l'art de la photographie n'est point encore appelé; plus d'un innovateur a dû renoncer à la prétention de reculer les limites d'un domaine assez vaste d'ailleurs, et dont la possession n'a pu être un seul instant contestée.

D'autres, prenant un vol moins élevé et se maintenant dans la sphère d'applications vers laquelle ont conduit les savantes recherches de l'inventeur, ont eu l'heureuse pensée de s'appliquer plutôt à introduire dans la pratique des moyens d'exécution plus efficaces et plus certains, et sont enfin parvenus à la dégager des entraves qui s'opposaient encore à ce qu'on pût atteindre le degré de perfection réclamé.

C'est en rendant un service de ce genre que l'*Appareil Régulateur* de M. le lieutenant Bequet s'est d'abord présenté aux praticiens, qui n'ont pas tardé à en apprécier toute l'utilité.

Toutefois, il faut reconnaître que d'importantes modifications étaient encore réclamées pour donner à ce nouveau mode d'exécution la supériorité qu'il a acquise aujourd'hui sur tous ceux jusqu'alors employés dans le même but ; et c'est ce dont nous nous sommes spécialement occupés depuis que nous avons entrepris d'exploiter le brevet d'invention qui a été accordé à M. Bequet, sans la garantie du gouvernement, pour cet ingénieux procédé.

Mais, pour donner à cet auxiliaire indispensable à toute personne qui s'occupe, dans un but lucratif ou comme amateur, de photographie, la généralité d'applications à laquelle il est appelé, nous avons pensé qu'il était à propos de comprendre dans une NOTICE spéciale toutes les instructions qui s'y rapportent, et dont ne s'était point occupé M. Bequet, dans le premier document qu'il fit paraître à l'appui de son invention. S'attachant exclusivement à ce qui concerne l'appareil en lui-même, sans entrer dans aucun détail relativement aux opérations diverses qui précèdent et suivent son emploi pour la préparation de la *plaque Daguerrienne*, M. Bequet n'avait pu comprendre dans son travail, les modifications que nous avons apportées depuis à son appareil.

Tous ces renseignements étant d'ailleurs réclamés chaque jour, soit par les personnes auxquelles sont expédiés les appareils, soit à Paris même, où notre procédé n'est pas encore suffisamment connu, il était à propos de répondre à ces demandes et à toutes autres qui nous seraient adressées dans le but d'être bien fixé sur l'usage et la destination des *Appareils-Bequet.*

Tels sont les motifs qui nous ont déterminés à faire connaître le résultat de six années d'études spéciales et d'observations consciencieuses à cet égard, afin de démontrer de la manière la plus évidente les avantages obtenus par les procédés que nous employons et dont les expériences faites dans notre laboratoire, Palais-Royal, galerie de Valois, 173, mettront chacun à portée de se rendre un compte exact à cet égard.

Les personnes mêmes qui ne font que commencer pourront ainsi être fixées sur les divers détails qu'embrasse l'opération en général, et dont elles pourront prendre premièrement connaissance dans la présente instruction.

A l'égard de celles qui s'occupent depuis longtemps de photographie, nous appellerons surtout leur attention (dans la partie de cette Notice qui leur est plus particulièrement consacrée), sur la *Préparation du Bain réfrigérant,* destiné à opérer la concentration des substances impressionnables et accélératrices.

Abordant ensuite les cinq divisions principales dont se compose l'opération : Polissage, — Iode et Brôme, — Lumière, — Mercure, — Fixation des épreuves, on y trouvera la description claire et succincte de la manière dont se comportent chacun de ces éléments photographiques.

Loin de nous la prétention de donner notre procédé pour la préparation des plaques, comme le seul dont on puisse obtenir des résultats satisfaisants, et encore moins celle de nous en dire les inventeurs. Eclairés par notre propre pratique et par l'expérience, nous avons mis à profit ce qui méritait d'être distingué, et lorsque des moyens plus efficaces se sont offerts, nous n'avons point hésité à les adopter de préférence aux précédents.

On comprend que le cadre d'une telle notice ne nous permet pas de traiter d'une multitude de causes, qu'il est pourtant essentiel de connaître et qui surgissent dans le cours de l'opération ; ces causes étant nuisibles d'une manière ou de l'autre au résultat cherché, nous engageons nos lecteurs, pour s'en rendre compte, à se procurer le *Manuel de Galvanoplastie et Daguerréotypie* (par M. de VALICOURT), faisant partie de l'*Encyclopédie Roret;* cet ouvrage étant sans contredit le meilleur et le plus complet de tous ceux qui ont paru jusqu'à ce jour.

LE ROY ET Cie.

Juin 1845.

APPAREIL
RÉGULATEUR-BEQUET.

Toutes les personnes qui se sont occupées de photographie, depuis la découverte du Daguerréotype, ou qui ont écrit sur cet instrument, et le nombre en est grand, ont reconnu que l'influence des variations atmosphériques, sur les substances chimiques impressionnables et accélératrices, était un écueil redoutable pour le daguerréotypiste distingué, et à plus forte raison pour celui qui ne fait que commencer.

Toutes les sauces chimiques accélératrices qui ont été composées et qui sont connues sous les noms de chlorure d'iode, bromure d'iode, iodure de brôme, liqueur hongroise ou allemande, etc..., n'ont eu quelque crédit, dans le public, que parce qu'on leur supposait une qualité qu'elles ne pouvaient avoir, celle d'être insensible aux actions turbulentes de la température; ces liqueurs composées d'iode et de brôme ou de ces deux substances, avec addition de chlore, n'avaient un peu plus de constance dans leur évaporation, que parce que l'iode y dominait. Plus la mixture renfermait d'iode, plus l'opération de la lumière était lente, et plus il y avait d'égalité dans les résultats obtenus. Au lieu d'avancer, nous revenions au point de départ (l'iode, purement et simplement, employé avec des instruments à courts foyers); et encore fallait-il faire un grand nombre d'épreuves pour en avoir une passable.

Pour obtenir, avec certitude, une certaine quantité d'épreuves dans les conditions les plus avantageuses, *vitesse*, *relief* et *ressemblance exacte* du modèle, il faut :

1° Que la couche d'iodure d'argent soit toujours d'une épaisseur égale sur toute la surface de la plaque; qu'elle soit, par conséquent, formée dans un temps donné, deux minutes au moins, à une évaporation régulière;

2° Que cette couche soit soumise aux vapeurs du brôme ou de toute autre substance accélératrice, et qu'elle absorbe une quantité égale de molécules, juste la quantité nécessaire pour que la sensibilité soit à son maximum; ce qui ne peut avoir lieu, théoriquement, que comme nous venons de le dire pour l'iode, dans un laps de temps fixe et à une constante évaporation; en admettant toutefois que les matières solides ou liquides dont on se sert, soient composées d'un nombre invariable de molécules.

L'iode, le chlore et le brôme sont des substances très évaporables, ce qui rend leur emploi d'autant plus difficile, et donne lieu à de nombreuses erreurs.

La méthode de M. Fizeau, que nous croyons la meilleure de celles connues avant l'invention du *Régulateur*, quoiqu'elle fût vicieuse, parce que rien ne neutralisait l'action de l'atmosphère ambiante, était fondée sur des principes connus et que nous donnons ici :

EAU BROMÉE.

Formule.

1° Prendre un volume fixe d'une dissolution de brôme (*brôme saturé*), et l'étendre dans un volume constant d'eau distillée ;

2° Prendre une quantité constante de cette dernière solution et l'injecter dans la cuvette à brôme ;

3° Exposer la plaque iodée aux émanations de ce liquide « *pendant un laps de temps qui ne peut être déterminé que par l'expérience.* »

Voici l'explication de cette dernière phrase de M. Fizeau, *pendant un laps de temps en rapport direct avec le degré de température du moyen environnant du lieu où l'on prépare les plaques.*

Le procédé de M. Foucault, établi sur les mêmes bases, était peut-être d'un usage plus facile, et l'eau brômée devait conserver une évaporation plus égale, étant introduite dans un vase en bois, celui-ci étant un mauvais conducteur du calorique.

Enfin, MM. Middleton, Claudet, de Valicourt, Gaudin, etc., tous photographistes distingués et créateurs de mixtures chimiques accélératrices, n'ont pu indiquer une manière certaine et invariable de préparer la plaque daguerrienne, pour que la couche impressionnable soit d'une sensibilité extrême et identique à chaque épreuve.

C'est ce que M. Bequet a résolu en appliquant son Régulateur de la température aux opérations daguerriennes ; et il est impossible, comme nous allons le démontrer, que la plaque de M. Daguerre impressionnée par ce procédé, ne soit pas au maximum de sensibilité, et que cette sensibilité ne soit pas la même à chaque épreuve.

Voici ce que dit de cet appareil l'auteur du *Manuel de Daguerréotypie*, p. 467.

Appareil-Régulateur de M. le lieutenant Bequet, applicable à toutes les substances accélératrices.

En parlant des substances accélératrices, nous avons indiqué de nombreux obstacles qui rendent leur emploi si difficile et si incertain, et parmi les causes d'insuccès qui arrêtent si souvent les commençants, nous avons signalé : la difficulté de préparation des diverses substances, les variations qu'elles éprouvent par suite de leur décomposition spontanée, enfin, l'irrégularité de leur évaporation, suivant les diverses circonstances dans lesquelles on opère.

A force de persévérance, M. le lieutenant Bequet est parvenu à remédier à tous ces inconvénients, au moyen d'un Appareil-Régulateur, pour lequel il a pris un brevet d'invention.

MM. les cessionnaires de ce brevet et M. Bequet lui-même, ont bien voulu nous fournir des détails circonstanciés sur le nouvel appareil ; ils ont eu même la complaisance de le faire fonctionner devant nous, et nous devons dire que cette invention, basée sur une idée aussi simple qu'ingénieuse, nous a paru remplir parfaitement le but que s'est proposé M. Bequet. Toutefois, la discrétion nous fait une loi de ne faire connaître ici cet appareil qu'en termes généraux, car il est juste que l'inventeur puisse en toute liberté tirer parti de sa découverte.

L'Appareil-Régulateur se compose d'une boite rectangulaire, construite en bois de chêne, munie d'un thermomètre, et renfermant deux capsules, la substance accélératrice et tous les produits chimiques qui sont nécessaires pour l'emploi de cet appareil.

L'invention de M. Bequet peut se résumer ainsi : la substance accélératrice, quelle qu'elle soit, est mise dans des conditions telles que son évaporation est toujours la même dans un temps donné, en toutes saisons, en tous lieux et par toutes les températures.

La plaque reçoit donc toujours une même quantité de vapeurs accélératrices, sa sensibilité est toujours identiquement la même, et l'expérimentateur n'a plus à tenir compte que des variations qui peuvent survenir dans l'intensité de la lumière.

L'Appareil-Régulateur est applicable à toutes les substances accélératrices, sans exception; M. Bequet est même parvenu à employer ainsi le brômoforme de MM. Choiselat et Ratel, à l'état de dilution dans une certaine quantité d'eau déterminée une fois pour toutes.

En un mot, l'invention de M. Bequet fait disparaître les principales difficultés que présentait la photographie; et, sous ce rapport, elle nous paraît appelée à un grand succès. »

DESCRIPTION

DE

L'APPAREIL-RÉGULATEUR

ET

PRÉPARATION DU BAIN RÉFRIGÉRANT.

L'Appareil-Régulateur primitif dont M. de Valicourt parle dans son *Manuel*, a été modifié dans quelques parties. Nous avons fait garnir l'intérieur de la boîte, en plomb soudé par le procédé autogène de M. Barbier; les capsules qui étaient en faïence, sont maintenant en cristal; le thermomètre, coudé deux fois, a été raccourci dans la branche horizontale, et allongé dans la branche verticale; la boule du thermomètre touche presque le fond de la boîte, ce qui permet de faire le bain réfrigérant beaucoup moins grand; car, pour peu que les capsules soient plongées de deux ou trois centimètres dans le bain, cela suffit.

Il renferme toujours quatre flacons:
Bromoforme saturé (procédé *Bequet*);
Eau bromoforme;
Flacon modèle;
Sulfate de soude et acide sulfurique pour un bain.

Enfin, il n'a qu'un seul châssis, avec 14 coulisses

pour 1/4 et 1/6 de plaque ; pour 1/2 plaque, deux châssis ; pour plaque entière, trois châssis.

L'acide sulfurique attaquant toutes les matières organiques et les détruisant en très peu de temps, nous a obligé à faire ces changements, qui étaient d'une nécessité absolue, cet acide n'ayant aucune action sur le verre et sur le plomb soudé au chalumeau, ces appareils auront maintenant une très longue durée.

Lorsque l'expérimentateur veut se servir de l'appareil, il doit, après l'avoir ouvert, faire jouer les coulisses qui maintiennent les cuvettes et les flacons, retirer les cuvettes de l'appareil, enlever le châssis et verser dans la boîte en plomb 4 litres d'acide sulfurique à 16° 5/10 (1).

Si la chaleur était très grande, il faudrait employer de l'acide à 33°.

On verse ensuite dans cet acide un kilogramme de sulfate de soude, et l'on remue le mélange avec

---

(1) Pour réduire l'acide sulfurique à 16° 5/10, on verse dans un vase en bois, trois parties d'eau et une partie d'acide sulfurique du commerce à 66°; on remue le liquide avec un bâton, en ayant soin d'éviter les éclaboussures qui sont dangereuses; l'acide s'échauffe beaucoup quand on fait le mélange, il faut le laisser refroidir au moins un jour avant de s'en servir.

Nous avons toujours une vingtaine de litres de ce liquide tout préparé, et quand nous voulons opérer il se trouve tout prêt; il faut le conserver dans des bouteilles bouchées avec du liège.

une cuiller de plomb ; il se produit alors un très grand froid.

Quand le thermomètre est descendu à 0°, on cesse de remuer le liquide, il faut alors introduire le châssis, puis les cuvettes, et fermer les coulisses ; l'appareil est prêt à servir.

Lorsqu'au bout de trois ou quatre heures, selon la chaleur qu'il fait, le thermomètre tend à s'élever au-dessus de $3° + 0$, l'opérateur ouvre les deux coulisses qui sont à droite et à gauche des cuvettes, puis il remue avec la cuiller le sulfate de soude qui est en dissolution, et lorsque le thermomètre est descendu à 0°, il ferme les coulisses et continue à opérer.

S'il n'y avait plus de sulfate de soude en dissolution, il en introduirait d'autre dans le liquide.

Si enfin, le bain ayant servi pendant deux ou trois jours, en introduisant du sulfate de soude dans ce bain, le thermomètre ne baissait pas immédiatement, il faudrait retirer tout le liquide de l'appareil et verser de nouveau de l'acide sulfurique (1).

Les 4 flacons qui sont dans l'appareil doivent y rester constamment.

Le flacon de *substances accélératrices*, dans le-

---

(1) Il faut conserver dans un vase en bois le liquide saturé de sulfate de soude, que l'on retire de l'appareil, lorsque l'on en a une grande quantité; on neutralise l'acide en jetant du blanc de craie pulvérisé dans ce liquide, on le remue bien avec un bâton ; deux jours après, on fait filtrer et cristalliser le sulfate de soude, qui sert de nouveau.

quel l'opérateur puise, doit être placé à l'angle postérieur droit de la boîte.

Celui dans lequel on verse, avec la seringue, la substance qui a servi, doit être vide et placé dans l'angle postérieur gauche, vis-à-vis de lui.

Dans l'angle antérieur gauche, *est le brômoforme saturé*.

Dans l'angle antérieur droit, le *flacon modèle*.

Nous parlerons de la préparation des liquides renfermés dans ces flacons, à l'article des *substances accélératrices* (2ᵉ division de *l'opération*.)

DU BAIN RÉFRIGÉRANT.

SUBSTANCES CHIMIQUES SUSCEPTIBLES DE LE COMPOSER ET DE REMPLACER LE MÉLANGE QUE NOUS AVONS INDIQUÉ.

Sulfate de soude;

Acide muriatique;

Nitrate d'ammoniaque.

Le sulfate de soude, employé comme nous l'avons dit, produit un froid qui abaisse la température de 25° ; le prix de l'acide sulfurique nous a seul fait indiquer cette substance, plutôt que toute autre, avec laquelle on obtiendrait cependant les mêmes résultats.

L'acide muriatique dont nous n'avons pas parlé, et qui est très commun dans le commerce, est généralement employé pour la formation de la glace artificielle, son prix (30 f. les 100 kilog. à 18 ou 20°) étant aussi élevé que celui de l'acide sulfurique, pris en grande quantité, nous a fait préférer celui-ci, qui est à 66°, et qui, par conséquent, étendu d'eau (une partie d'acide et deux parties d'eau), ne coûte réellement que 5 ou 6 francs les 100 kilog. et réunit les mêmes qualités.

Le nitrate d'ammoniaque, sans contredit la meilleure substance réfrigérante dont on puisse se servir, et dont le prix est très élevé, quoique cependant elle devienne par la suite moins onéreuse, détruit l'emploi de l'acide ; le mélange étant composé de ce produit chimique et d'eau de rivière, de puits, etc, en partie égale (2,000 grammes de nitrate d'ammoniaque et 2,000 grammes d'eau). Le nitrate d'ammoniaque coûte 16 fr. le kilog., mais le chimiste attaché à l'Institut photographique (Palais-Royal, 173, Galerie de Valois), le composant en grande quantité, nous permet de le donner à 6 francs.

Voici comment il se cristallise :

Evaporation de l'eau et cristallisation du nitrate d'ammoniaque.

Pour obtenir l'évaporation du nitrate d'ammoniaque, il faut verser dans un vase en terre la dissolution contenue dans le récipient ; il faut que ce vase en terre soit bien verni et qu'il puisse aller au feu. On peut aussi se servir d'un vase en cuivre ou en fer ; mais il vaut toujours mieux employer de préférence le vase en terre.

Plus le vase est évasé, plus l'évaporation se fait rapidement.

On fait chauffer *à un feu doux;* on peut aller jusqu'à l'ébullition, pourvu que cette ébullition ne soit pas trop forte. Ce qu'on appelle en terme de cuisine : *faire bouillir à petit feu.*

Pour connaître si l'évaporation est suffisamment faite, on trempe dans le liquide une baguette en bois, on laisse tomber sur un corps froid la goutte de liquide qui découle de la baguette ; si, en se refroidissant, cette goutte se cristallise, alors on verse dans l'éprouvette ou tube en verre une quantité suffisante du liquide qu'on fait évaporer ; on y plonge le *pèse-sel*, et si ce *pèse-sel* remonte à la surface, c'est-à-dire si le n° 35 porté sur l'échelle graduée qui se trouve placée dans le tube du *pèse-sel*, se laisse voir au-dessus du liquide, c'est qu'alors l'évaporation est suffisamment faite ; on retire le vase de dessus le feu, et on le laisse refroidir. En se refroidissant, le nitrate se reforme de lui-même et reprend sa qualité première.

Quand le nitrate s'est reformé, il faut le faire sécher ; pour cela, on le retire du vase dans lequel il a été évaporé, et on le met dans celui qui sert à le conserver ; on expose ce vase à une *chaleur douce*, soit en le plaçant au soleil, soit en le mettant dans le coin d'une cheminée ; ensuite, on le bouche bien, et on le tient dans un endroit sec et à l'abri de l'humidité, jusqu'à ce qu'on veuille s'en servir de nouveau.

Quelque bien faite que soit l'évaporation, il reste toujours au fond du vase une petite quantité de liquide ; comme ce liquide contient encore du nitrate, il faut se garder de le jeter. Si l'on ne veut pas faire évaporer cette partie de liquide, il faut la conserver et la joindre à la première évaporation ; elle fournira à chaque évaporation la petite quantité de mélange qui demeure toujours liquide.

Nota. Il faut avoir bien soin, pendant ou après l'évaporation, de ne pas laisser tomber du feu dans le vase contenant le nitrate, car il se perdrait entièrement.

DISPOSITIONS PRÉPARATOIRES.

Pose du modèle. — Fond. — Appui-tête. — Position du daguerréotype. — Mise-au-foyer. — Diaphragme.

L'opérateur doit faire prendre au *Modèle* une *pose* gracieuse tout en faisant approcher, autant que possible, les mains du corps. Les portraits de face sont généralement peu ressemblants et sans grâce. Il faut donc faire tourner légèrement le corps à droite ou à gauche et la tête doit suivre le même mouvement, tout en s'inclinant sensiblement.

Dans les groupes, il faut éviter de mettre toutes les personnes qui les composent, sur un rang debout ou assises; la forme pyramidale étant la plus agréable à l'œil, les personnes qui occupent le centre doivent être debout, celles des côtés assises; toutes les personnes doivent regarder dans l'objectif, afin de paraître occupées d'un sujet quelconque.

Le Fond blanc (étoffe de laine, de coton, ou simplement une toile peinte) est généralement adopté et c'est celui que nous préférons, parce que les épreuves miroitent moins. Cependant, lorsque la personne que l'on daguerréotype a sur elle des étoffes blanches, bleues ou très claires, il est nécessaire d'exécuter son portrait sur un *fond noir* (en velours, de coton d'un noir mat).

Lorsque ces personnes n'ont seulement que le bonnet, le col, la pélerine ou le chapeau, d'une couleur blanche ou très claire, il faut tenir, en la remuant constamment, pendant les deux tiers du temps où le diaphragme doit rester ouvert, une étoffe noire ou bleu-foncé.

L'*Appui-tête* est un objet d'une nécessité absolue. Sans cet instrument, il est impossible d'obtenir la netteté qu'exigent les traits du visage, pour une ressemblance exacte, quelle que soit la vitesse avec laquelle la lumière agit, le mouvement produit par la circulation du sang et la respiration formant des bavures blanchâtres qui voilent ces parties; notre modèle d'*appui-tête* remplit parfaitement toutes les conditions.

La Position du daguerréotype, quant à son éloignement du modèle, dépend de la longueur du foyer et de la grosseur de l'objet que l'on veut daguerréotyper. Nous ferons observer, à ce sujet, qu'il est convenable d'éloigner l'instrument, lorsque l'on a le portrait d'une dame à exécuter, afin de modifier légèrement la dureté des lignes qui, en accusant une trop grande vérité, semblent vieillir, quoique ce ne soit que l'absence du coloris qui trompe l'œil.

Il doit être placé horizontalement sur un pied spécialement destiné à cet usage, qui réunisse toutes les conditions de solidité (1) et soit susceptible d'effectuer un mouvement de bas en haut.

L'axe prolongé de l'objectif doit être à la hauteur de la poitrine de la personne qui pose.

La *Mise-au-foyer* demande de grands soins ; le moyen le plus facile et le plus sûr, c'est de faire mettre sous le nez de la personne qui pose et très près de la bouche, une carte sur laquelle sont des caractères d'imprimerie très visibles.

Lorsque l'expérimentateur lit parfaitement ces caractères, le modèle est au foyer.

A chaque épreuve, il faut s'assurer de son exactitude, pour éviter une multitude d'erreurs qui proviendraient de cette cause.

Le *Diaphragme* est souvent exposé aux rayons solaires.

Lorsque l'opérateur ôte le bouchon, il doit interposer sa main entre ces rayons et l'objectif, de manière à le couvrir d'ombre ; sans cette précaution, les rayons, donnant dedans, se refléchiraient sur la plaque et voileraient l'épreuve.

---

(1) Nous avons fait construire un pied à crémaillère qui détruit tous les inconvénients qu'offrait le pied à trois ou six branches; une fois placé, que la personne qui pose soit grande ou petite, on ne change pas le foyer, on remonte ou abaisse seulement la tablette.

POLISSAGE.

On ne saurait apporter trop de soin dans le choix des plaques.

L'argent doit en être pur et plaqué à une épaisseur suffisante pour résister au polissage ; les plaques au $1/30^e$ sont celles qui sont employées généralement ; mais nous ne nous servons que de celles au $1/20^e$, parce que nous avons moins de chances d'être trompés par les marchands de plaqué.

Les plaques qui présenteraient des piqûres, des gerçures, des stries, ou des marques trop profondes du planage au marteau, doivent être rejetées.

Tous ces défauts sont facilement appréciables à l'œil le moins exercé ; si l'on a soin de diriger son haleine sur la plaque, de manière à ternir le poli, les moindres inégalités deviendront alors apparentes et décéleront les imperfections.

Le polissage des plaques étant une condition essentielle de la réussite, nous engageons les personnes qui veulent obtenir constamment de belles épreuves, à ne pas négliger cette partie de l'opération.

Avec *l'Appareil-Régulateur*, l'épreuve est certaine à chaque fois, si la plaque a été polie avec soin préalablement.

La plaque étant neuve, chlorurée ou simplement sous épreuve, il faut la fixer sur une *Planchette* disposée à cet effet ; on la saupoudre de *Tripoli de Venise* bien pulvérisé, en y versant deux ou trois gouttes d'*Essence de Térébenthine rectifiée*.

On frotte ensuite en tous sens avec un tampon de coton, de manière à briser les lignes formées par ce coton.

Au bout d'une minute environ, il se formera sur l'argent un cambouis noir, dont on enlèvera la plus grande partie, en continuant de frotter en rond avec le même coton.

On mettra alors sur la plaque un peu de *Tripoli sec*, et avec le même tampon, en retournant toutefois la partie qui en est malpropre, on frottera de nouveau, jusqu'à ce que la surface de la plaque prenne un éclat vif et un bruni parfait.

Nous recommandons de bien appuyer sur les bords de la plaque dans ce premier travail de l'opération du polissage, parce que ce sont les parties généralement malpropres.

Arrivé à ce point, on saupoudre la plaque de *rouge anglais superfin*. On verse dessus trois ou quatre gouttes d'*alcool absolu*, et avec un tampon de coton blanc, on frotte, comme on l'a fait déjà, avec l'essence de térébenthine, jusqu'à ce que la surface de la plaque soit bien brunie. On saupoudre alors la plaque de rouge, et l'on verse dessus trois ou quatre gouttes d'*Essence de Lavande rectifiée* étendue de huit parties d'alcool, et on frotte comme on l'a fait déjà pour l'essence de térébenthine et l'esprit-de-vin.

Lorsque la plaque est bien brunie, on prend un tampon de coton blanc, et l'on frotte longtemps en tous sens.

On humecte ensuite la plaque de son haleine.

Si celle-ci se condense parfaitement et forme une couche d'un blanc marbré, sans aucune raie ni tache, la plaque est prête à être soumise à *l'iodage.*

Nous renouvelons ici la recommandation que nous avons déjà faite, de ne mettre aucune négligence dans le polissage.

En résumé, voici les substances chimiques qui sont nécessaires pour le polissage.

1° Tripoli de Venise bien pulvérisé.

2° Rouge Anglais superfin.

3° Coton bien cardé.

4° Essence de Térébenthine rectifiée.

5° Essence de Lavande rectifiée.

6° Alcool absolu.

Les deux flacons dans lesquels sont contenus le *tripoli* et le *rouge*, ont leur gouleau couvert d'un *morceau de mousseline très fine.*

Chaque fois que l'opérateur se sert des liquides utiles au polissage, il doit boucher les flacons aussitôt après s'en être servi.

IODAGE.

Les plaques une fois polies, il s'agit de les revêtir de la couche sensible qui, impressionnée par la lumière, reproduira l'image reçue dans la chambre noire.

On y parvient au moyen de l'iodage. Cette opération, autrefois assez difficile et fort compliquée, est devenue extrêmement simple par les perfectionnements qui y ont été apportés par M. Bequet, au moyen de *l'Appareil-Régulateur*.

Les difficultés qui se présentaient pour apprécier dans l'obscurité les teintes successives de la couche d'iode, n'existent plus depuis qu'on a reconnu la possibilité d'ioder la plaque à la lumière diffuse ; il devient alors très facile de s'arrêter à la nuance exigée pour la parfaite réussite du procédé.

Toutefois, il ne faut pas oublier qu'un bon iodage est la base de toutes les opérations subséquentes ; on doit donc y apporter tous ses soins, et prendre toutes les précautions qui vont être indiquées, pour obtenir une couche d'iode homogène et répartie également sur toute la surface de la plaque. Car, comme dit M. de Valicourt dans son excellent ouvrage : « Tel est l'iodage, telle est la couche de substances accélératrices. »

Nous avons dit que l'*Appareil-Régulateur* renfermait deux cuvettes : celle qui se trouve à la droite du thermomètre remplace la boîte à iode, elle est remplie jusqu'aux bords d'une dissolution alcoolique concentrée d'iode, étendue de huit parties d'eau distillée (1).

Lorsqu'après avoir bien poli sa plaque, l'expérimentateur veut l'ioder, il la détache de la planchette à polir et la fixe sur la planchette du châssis de la chambre obscure, en ayant bien soin de ne pas toucher à sa surface avec les doigts, qui y feraient indubitablement des taches ineffaçables.

Il découvre la cuvette à iode, renverse la plaque avec la main gauche, de manière qu'elle soit près de la cuvette et tournée du côté de la terre, il passe alors un fort pinceau-blaireau dessus, pour enlever toutes les parcelles de poussière qui pourraient y adhérer et qui tacheraient l'épreuve.

Puis, il pose la plaque sur la cuvette, en évitant de la faire toucher au liquide impressionnable, qui doit être à deux ou trois millimètres de sa surface. Il surveille ensuite attentivement la couleur de la couche iodurée, laquelle, pour se trouver dans les meilleures conditions, doit être jaune foncé, teinté de rose, et après être restée deux minutes au moins à se former ; si cette couche était obtenue dans un temps plus court, il faudrait retirer une certaine quantité d'iode de la cuvette

---

(1) Introduire de l'iode dans un flacon bouché à l'émeri, remplir ce flacon d'alcool absolu et laisser dissoudre l'iode ; verser ensuite dans la cuvette à iode, une partie de cette dissolution et huit parties d'eau distillée.

et la remplacer par la même quantité d'eau distillée, mais toujours de manière que la plaque, posée sur les bords de la cuvette, touche presque au liquide.

Lorsqu'en regardant la couleur de la plaque, en interposant entre elle et la lumière une feuille de papier blanc, pour constater, par les diverses nuances qu'elle prendra, les progrès de l'iodage et surtout sa régularité, on verra les bords devenir d'une couleur jaune plus vivement que le centre, il faudra enlever la plaque un peu au-dessus de la cuvette avec la main gauche, et remuer l'iode de la main droite, au moyen d'un petit tube en verre ou d'une seringue *ad hoc*, afin de rendre l'évaporation égale ; ce qui n'avait pas lieu, puisque la plaque se saturait d'iode sur les bords, tandis que le centre était encore blanc.

Nous préférons la nuance jaune teinté de rose foncé, parce qu'il est plus facile de s'apercevoir de la transition du jaune au rose, que de celle d'un jaune clair à un jaune plus foncé, et que la couche iodurée ayant une plus grande épaisseur, absorbe une plus grande quantité de molécules accélératrices, et détermine alors le maximum de sensibilité, sans nuire au relief ni à la douceur des épreuves.

La raison en est facile à concevoir : une image daguerrienne n'est pas autre chose que le résultat de l'altération, à différents degrés de profondeur, de la couche impressionnable à la lumière : or, si cette couche est infiniment mince, on n'obtiendra évidemment que les teintes extrêmes, et la vigueur du tableau ira souvent jusqu'à la sécheresse ; mais si au contraire on opère sur une couche d'une richesse suffisante, il y aura place sur l'image pour toutes les dégradations de teintes, les contours seront adoucis, les nuances bien fondues, le modelé irréprochable ; en un mot, l'image présentera un ensemble harmonieux, bien préférable à ces oppositions heurtées si fatigantes pour les yeux, surtout dans les portraits photographiques.

SUBSTANCES ACCÉLÉRATRICES.

BROMOFORME CHOISELAT ET RATEL.

PROCÉDÉ BEQUET.

Nous employons de préférence le *bromoforme saturé*, quoique l'*Appareil-Régulateur* soit applicable à toutes les substances accélératrices sans exception ; parce que nous avons reconnu, par de nombreuses expériences, que cette substance employée à l'état d'eau bromoforme, donnait à la couche iodurée une sensibilité extrême, et détruisait entièrement le voile de brôme presque inévitable avec toutes les mixtures qui ont pour base le chlore et le brôme. Nous ne nous occuperons pas de la composition de ce produit chimique, ni de celle de toutes les liqueurs accélératrices dont on s'est servi jusqu'à ce jour. Nous renvoyons à cet égard au *Manuel de M. de Valicourt*, que nous avons déjà cité.

L'*Appareil-Régulateur* contient, comme nous l'avons dit, un *Flacon modèle* (1): lorsque l'expérimentateur veut opérer, il remplit d'eau distillée *un flacon*, de ceux qui sont dans l'appareil ; il

---

(1) Le Flacon-modèle contient le liquide jaune (eau bromée, bromure d'iode, bromoforme, etc.), de la force exigée pour que ses émanations déterminent en dix secondes, le maximum de sensibilité de la couche impressionnable.

prend ensuite dans le flacon de brômoforme saturé, au moyen de la seringue, la quantité de cette substance qui est nécessaire pour colorer l'eau comme celle du *Flacon-modèle*.

Lorsque les deux flacons sont identiquement de même ton, le dernier est prêt à servir. On le met alors dans l'appareil, à la place qui lui est indiquée, ainsi que le *Flacon-modèle*, qui doit toujours rester exactement bouché. On met le châssis, ainsi que les cuvettes, et l'on ferme l'appareil, que l'on ouvre de temps à autre, pour surveiller la couleur de la plaque, comme nous venons de le dire pour l'iodage.

Aussitôt après avoir posé la plaque sur la cuvette à iode, l'opérateur a dû découvrir la cuvette à brôme, prendre une pleine seringue d'eau brômoforme, et l'injecter dans cette cuvette par un des coins, puis la recouvrir vivement (1).

La plaque étant iodée à point, la porter près de la cuvette à brôme, découvrir vivement celle-ci, mettre la plaque dessus et compter 10 secondes, l'enlever vivement, la mettre dans son châssis, en évitant la lumière. Elle est prête à être impressionnée.

A chaque épreuve, lorsque la plaque a été posée sur la cuvette à iode, on découvre la cuvette à brômer, et on en retire le brômoforme qui a servi,

---

(1) Voir, pour la composition du *Flacon-modèle*, la description qui en est donnée à la fin de ce chapitre.

pour le remplacer par une pleine seringue de nouveau (1).

D'après ce qui vient d'être dit pour la substance impressionnable et pour la substance accélératrice, on conçoit parfaitement qu'au moyen de l'*Appareil-Régulateur*, la couche impressionnable soit d'une sensibilité invariable et qu'il n'en puisse être autrement.

En effet, 1° la couche iodurée est identiquement toujours de même épaisseur et d'une homogénéité qui ne peut être obtenue qu'avec les conditions que nous avons indiquées : deux minutes au moins, et la plaque touchant presque à l'iode alcoolisé.

2° La solution d'eau brômoforme étant constante dans sa force ;

3° Prenant de cette solution une quantité constante et suffisante pour déterminer en 10 secondes le maximum de sensibilité de la couche impressionnable;

4° La plaque restant exposée aux émanations de cette solution un laps de temps invariable (10 secondes); et enfin, cette solution étant à une température constante (0°), son évaporation est elle-même constante, la plaque ne pouvant absorber qu'une quantité invariable de molécules accélératrices.

---

(1) La quantité contenue dans la seringue, suffit pour les appareils 1/6 et 1/4 de plaque, deux seringues pour 1/2 plaque, et quatre pour plaque entière.

Toutes les personnes qui se sont occupées avec persévérance de photographie, ont vu avec plaisir se produire cette découverte, et elles ont reconnu immédiatement les éminents services qu'elle devait rendre, non-seulement aux praticiens, mais encore aux amateurs, qui s'étaient dégoûtés du daguerréotype, en raison des grandes difficultés que présentait son emploi; cependant, comme toutes les inventions utiles, elle porte préjudice à bien des industries, et les possesseurs de ces industries cherchent, autant qu'ils le peuvent, à en arrêter la publicité ; c'est pourquoi nous engageons toutes les personnes qui voudraient s'assurer de l'efficacité de ce procédé, à s'adresser à nous directement ou à venir voir fonctionner cet appareil, quelque temps qu'il fasse ; à 30° de chaleur comme à glace (0°), une bonne épreuve étant certaine sur deux au plus, et aussi belle que celles exposées au boulevard des Italiens, magasin de nouveautés de la Petite-Jeannette, et Palais Royal, 173 et 175.

FLACON-MODÈLE.

Par de nouvelles recherches chimiques, M. Bequet a trouvé une substance inaltérable à l'air et à la lumière, et qui réunit les conditions les plus favorables, afin que l'expérimentateur ne soit pas obligé de tâtonner pour trouver la force de sa substance accélératrice. Au moyen de ce perfectionnement, il ne devient plus nécessaire de tenir ce flacon dans l'obscurité, ni de le conserver dans l'appareil.

EXPOSITION

A LA CHAMBRE OBSCURE.

La plaque, après avoir été soumise à l'influence de l'iode et de la substance accélératrice, doit être désormais tenue à l'abri de la lumière et le châssis dans lequel elle est renfermée, à l'abri des rayons solaires, pour être ensuite exposée à la chambre obscure. Cette exposition doit avoir lieu peu de temps après l'application de la couche impressionnable.

Nous avons dit que la mise-au-foyer avec une exactitude rigoureuse était une condition indispensable, si l'on voulait obtenir des épreuves d'une netteté parfaite, attendu que, dans tout appareil bien construit, l'image obtenue sur la plaque doit être la reproduction fidèle de celle qu'on a observée sur le verre dépoli. Nous supposons donc que l'appareil dont se sert l'expérimentateur, est bien construit et réunit toutes les conditions exigées pour que la lumière tranche promptement et nettement la couche sensible.

Nous avons dit également que, quels que soient les objets qu'on veut reproduire, portraits, paysages ou gravures, l'objectif de l'appareil doit toujours être placé dans une direction horizontale, et que c'était une condition essentielle.

Cette première disposition prise, on mettra d'abord la chambre noire approximativement au foyer pour l'objet qu'on veut reproduire ; faisant alors jouer la crémaillère qui fait avancer ou reculer l'objectif, ou bien le tiroir aux instruments qui n'ont pas de crémaillère ; on étudiera avec attention sur la glace dépolie, le point où cet objet s'y dessine dans son maximum de netteté.

C'est alors le moment de substituer le châssis à la glace dépolie; on découvre ensuite la plaque, en faisant jouer la planchette du châssis avec précaution, puis l'obturateur ou bouchon qui masque l'objectif ; car, si on les ouvrait d'une manière brusque, outre le danger d'imprimer à l'appareil un mouvement d'oscillation, on courrait encore le risque d'envoyer sur la plaque les poussières et autres corpuscules qui peuvent se trouver dans l'atmosphère de la chambre noire.

La durée de l'exposition de la plaque aux rayons lumineux, est maintenant le point le plus délicat de tout le procédé, puisque la théorie ne peut fournir que des données approximatives sur la durée de cette opération. Ce n'est qu'après s'être servi d'un instrument pendant quelque temps et avoir étudié les intensités de lumière, que l'on peut arriver à faire une bonne épreuve à chaque fois. Voici le laps de temps pendant lequel nous laissons l'obturateur ouvert, à un instrument allemand 1/4 de plaque ; nous servant de bromoforme pour substance accélératrice et du Régulateur pour concentrer cette substance.

Le modèle face au nord, de 10 heures du matin à 3 heures du soir, au mois de juin, ciel bleu, dans un jardin ou une cour. . . . 0, 6″

*Le modèle dans la même position, le
soleil étant couvert par des nuages blancs.* 0, 8"
Ciel couvert ou pluie. . . . . . . 0. 14"

La couche sensible n'ayant aucune variation, avec l'*Appareil-Régulateur*, il sera facile à chacun de déterminer d'une manière fixe les diverses intensités de lumière de son instrument.

Nous ferons observer, pour terminer ce qui concerne la lumière, que plus les rayons solaires sont inclinés, plus l'opération est lente : ainsi le matin à 8 heures et le soir à 6 heures, au mois de juin, il faut laisser l'obturateur ouvert, le soleil étant dans tout son éclat, autant de temps qu'à midi, le ciel étant couvert.

DE L'EXPOSITION

AU MERCURE.

La capsule de la boîte au mercure doit être remplie de cette substance, de telle manière que la boule du thermomètre en soit complétement couverte ; cette boîte doit être placée dans un lieu obscur, afin que l'on puisse, au moyen d'une bougie allumée, regarder l'épreuve par le verre blanc de la face antérieure de la boîte, en éclairant celle-ci par le verre colorié de sa face latérale droite.

L'expérimentateur ayant placé l'épreuve dans la boîte à mercure, chauffera la capsule avec une lampe à esprit-de-vin, lorsque le thermomètre marquera 60°, il cessera de chauffer, aussitôt après il pourra surveiller l'épreuve et la retirer quand il trouvera qu'elle est venue à point, il ne faut pas craindre de retirer la plaque de la boîte, pour inspecter l'épreuve. Nous ne croyons pas, comme le disent plusieurs photographistes de distinction, que la lumière produite par une bougie puisse influencer la couche impressionnable. Nous avons remarqué également que lorsque le mercure était chauffé à plusieurs fois il se formait plus facilement des buées de mercure, et que lorsqu'on le chauffait au-dessous de 60°, les épreuves étaient moins douces, à moins, cependant, que l'obturateur ne soit resté ouvert quelques secondes de trop.

Nous ne parlons pas des verres coloriés-continuateurs de M. Edmond Becquerel, M. de Valicourt, en traitant longuement dans son Manuel, qui, comme nous l'avons déjà dit, doit nécessairement faire partie de la bibliothèque du daguerréotypiste.

DU LAVAGE ET DU FIXAGE
DES ÉPREUVES.

DU LAVAGE A L'HYPOSULFITE DE SOUDE.

On sait que le *lavage* a pour but de débarrasser l'épreuve de la couche soluble d'iode qui se trouve à sa superficie. Ce lavage a lieu, au moyen d'une solution d'hyposulfite de soude, composée de 63 grammes d'hyposulfite, dissous dans 1,000 grammes d'eau distillée. Voici maintenant la manière de procéder au lavage :

L'expérimentateur passera les bords de la plaque entre le pouce et l'indicateur de la main droite, puis il l'immergera, *d'un seul coup*, dans une assiette contenant de l'eau bien distillée.

Au bout de quelques instants, il la plongera dans une autre assiette, où il aura mis la solution d'hyposulfite ; enfin, il agitera légèrement cette assiette, pour faciliter la dissolution de l'iode.

Ensuite, la plaque sera de nouveau plongée dans l'assiette à eau distillée, où elle restera quelques instants ; il la retirera de cette eau, en la prenant par un des angles, versera dessus de l'eau distillée avec le flacon dans lequel elle est renfermée, puis la placera sur le pied à fixer les épreuves, et versera immédiatement, et avant qu'elle n'ait le temps de sécher, la solution de chlorure d'or ou de sel d'or de Gelis et Fordos ; cette solution sera retenue sur la plaque, par le corps gras que les doigts y ont déposé lorsque ses bords ont été passés entre les doigts.

DU FIXAGE
AU CHLORURE D'OR.

Une des plus belles découvertes qui aient été faites en photographie, c'est le fixage des épreuves au *Chlorure d'or*, inventé par M. Fizeau.

Grâce à cette merveilleuse préparation, les épreuves daguerriennes débarrassées de ce miroitage fatigant qui les déparait, ont acquis une vigueur, une netteté et une solidité jusqu'alors inconnues.

Ces avantages ressortiront d'une manière surprenante, si l'on compare ensemble deux épreuves obtenues, l'une par l'ancien, l'autre par le nouveau procédé.

La première, d'un ton gris-bleuâtre, paraîtra exécutée sous un ciel brumeux et glacial ; tandis que l'autre, par la richesse et la chaleur de ses teintes, semblera appartenir à la chaude atmosphère et au beau ciel des contrées méridionales.

Mais un autre avantage du fixage au *chlorure d'or*, c'est de rendre les plaques qui ont subi cette préparation, bien plus inaltérables par le frottement, au point qu'elles peuvent être conservées dans un porte-feuille.

Voici le procédé que nous avons adopté, avec quelques modifications dans le dosage, tel qu'il a été présenté à l'Institut par M. Fizeau.

« On dissout 1 gramme de *chlorure d'or* dans 800

grammes d'eau distillée, 4 grammes d'hyposulfite de soude dans 200 grammes d'eau distillée. On verse alors la dissolution d'or dans celle de soude, peu à peu et en remuant la mixtion. La liqueur, d'abord légèrement jaunâtre, ne tarde pas à devenir parfaitement limpide. Elle paraît consister alors en un *hyposulfite double de soude et d'or*, plus du sel marin, qui ne paraît jouer aucun rôle dans l'opération.

Pour traiter une épreuve par ce *sel d'or*, il faut que la surface du plaqué soit parfaitement exempte de corps étrangers et surtout de corps gras ; il faut, par conséquent, qu'elle ait été lavée avec quelques précautions, que l'on ne peut négliger sans danger de tacher l'épreuve.

Le traitement par le *sel d'or* est de la plus grande simplicité : il suffit, comme nous l'avons dit, de placer la plaque sur le pied en cuivre qui se trouve dans tous les appareils ; de verser dessus une couche de *sel d'or* suffisante pour que la plaque en soit entièrement couverte, et de chauffer avec une lampe à esprit-de-vin ; on voit alors l'épreuve s'éclaircir et prendre en une minute ou deux une grande vigueur. Quand l'effet est produit, il faut verser le liquide, laver la plaque et faire sécher avec une lampe à esprit-de-vin.

Dans cette opération, de l'argent s'est dissous, et de l'or s'est précipité sur l'argent et sur le mercure, mais avec des résultats bien différents.

Généralement on craint de chauffer trop les épreuves, de peur de les gâter, tandis que c'est en ne les chauffant pas assez, qu'elles conservent un ton bleuâtre et des lignes sèches.

Si l'argent s'enlève par petites parcelles, lorsque l'on chauffe, c'est une preuve que les plaques que l'on emploie ne valent rien ; c'est pourquoi nous engageons les personnes qui veulent arriver à de beaux résultats, à ne se servir que de plaques au 1/20 : elles coûtent plus cher, mais on en gâte moins ; il y a donc une grande compensation.

Pour que le *fixage* réussisse, il est important d'observer :

1° que la plaque soit placée bien horizontalement et recouverte de chlorure d'or dans toute son étendue ; car, si le liquide venait à manquer, il serait aussitôt remplacé par une tache brune ineffaçable ; il en serait de même si l'on n'immergeait pas la plaque, *d'un seul coup*, dans l'eau distillée, lorsque l'on procède au lavage, ou s'il y avait de la malpropreté sur sa surface et des buées de mercure ;

2° Qu'au moment du mélange de l'*hyposulfite* avec le *chlorure d'or*, le liquide doit rester parfaitement limpide : s'il se troublait, on devrait le jeter, ou au moins le filtrer et ne l'employer ensuite qu'avec défiance ;

3° Que le *chlorure d'or* ne doit jamais servir qu'une fois.

MM. Fordos et Gelis ont trouvé le moyen de composer un sel qui a pour base les éléments de la liqueur de Fizeau. La solution de ce sel est beaucoup plus facile à composer : nous introduisons 1 gramme de *sel d'or de Fordos et Gelis*, dans un demi-litre d'eau distillée. Lorsque la dissolution est opérée, le liquide est prêt à servir, et on l'emploie comme le *chlorure d'or* de M. Fizeau.

OBSERVATIONS ESSENTIELLES.

Des objectifs. — Du cyanure de potassium. — De l'Iode. — Du Chlore. — Du Brôme. — De l'Acide muriatique. — De l'Acide sulfurique.

Depuis que notre brochure est sous presse, nous avons reçu des lettres de quelques personnes de celles auxquelles nous avons livré des Appareils-Régulateurs; ces personnes très satisfaites, au reste, de la constance avec laquelle elles obtenaient des épreuves, se plaignaient cependant du peu de relief de ces épreuves, et nous demandaient si le peu de netteté des lignes ne provenait pas de la mauvaise qualité des *Objectifs*. Nous avons dû, pour nous en assurer, prier ces personnes de nous les expédier; et nous avons reconnu qu'effectivement, ils ne donnaient sur la glace dépolie, que des lignes vagues, et que ce vice provenait du trop de largeur du diaphragme, l'opticien ayant sacrifié la netteté à la vitesse.

Le moyen qu'indique M. de Valicourt, pour reconnaître la qualité d'un objectif, doit être employé par toutes les personnes qui obtiendraient des épreuves vagues, paraissant couvertes d'un voile. L'Appareil-Régulateur détruisant entièrement le voile de brôme, ce vice ne peut provenir que de la mauvaise qualité de l'objectif; et si, en mettant au foyer, les lignes ne paraissent pas nettes dans toutes les parties de la glace dépolie, il faut le rejeter, la bonne construction de cette partie du daguerréotype étant une condition essentielle, sans laquelle il n'y a pas de belles épreuves possibles.

Le Cyanure de potassium est un poison très violent: nous avions donné d'abord, la formule nécessaire pour composer soi-même le *Flacon-modèle*, si l'on venait à le briser ; mais, depuis que notre brochure est sous presse, nous avons réfléchi aux accidents qui pourraient arriver et à la difficulté qu'éprouveraient les personnes qui voudraient se procurer cette substance chimique, les ordonnances de police s'opposant à sa vente, à moins que ce ne soit pour la médecine et la physique.

Dans l'état où nous la livrons au public, elle est peu dangereuse, mais cependant, il faut l'éloigner des lieux où les enfants vont jouer : il en est de même du brôme, du chlore, de l'iode, de l'acide muriatique et de l'acide sulfurique, toutes ces substances étant des poisons plus ou moins actifs.

Nous engageons les personnes qui auraient besoin d'un *Flacon-modèle*, à nous en faire la demande. Ce flacon coûte 5 francs, et peut servir à l'ancien procédé, comme au procédé Bequet, avec cette différence que, dans l'un, il a des émanations irrégulières qui varient comme la température, et que dans l'autre, il a une évaporation constante. Il est, comme nous l'avons dit, inaltérable sous l'action des rayons lumineux, l'eau bormoforme et l'eau bromée échantillonnées sur lui, la température étant à 0°, déterminent le maximum de sensibilité de la couche impressionnable, cette couche absorbant pendant dix secondes les molécules de vapeurs qui s'échappent de ces liquides.

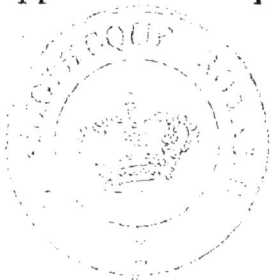

Imp. de Cosse et J. Dumaine, rue Christine, 2.

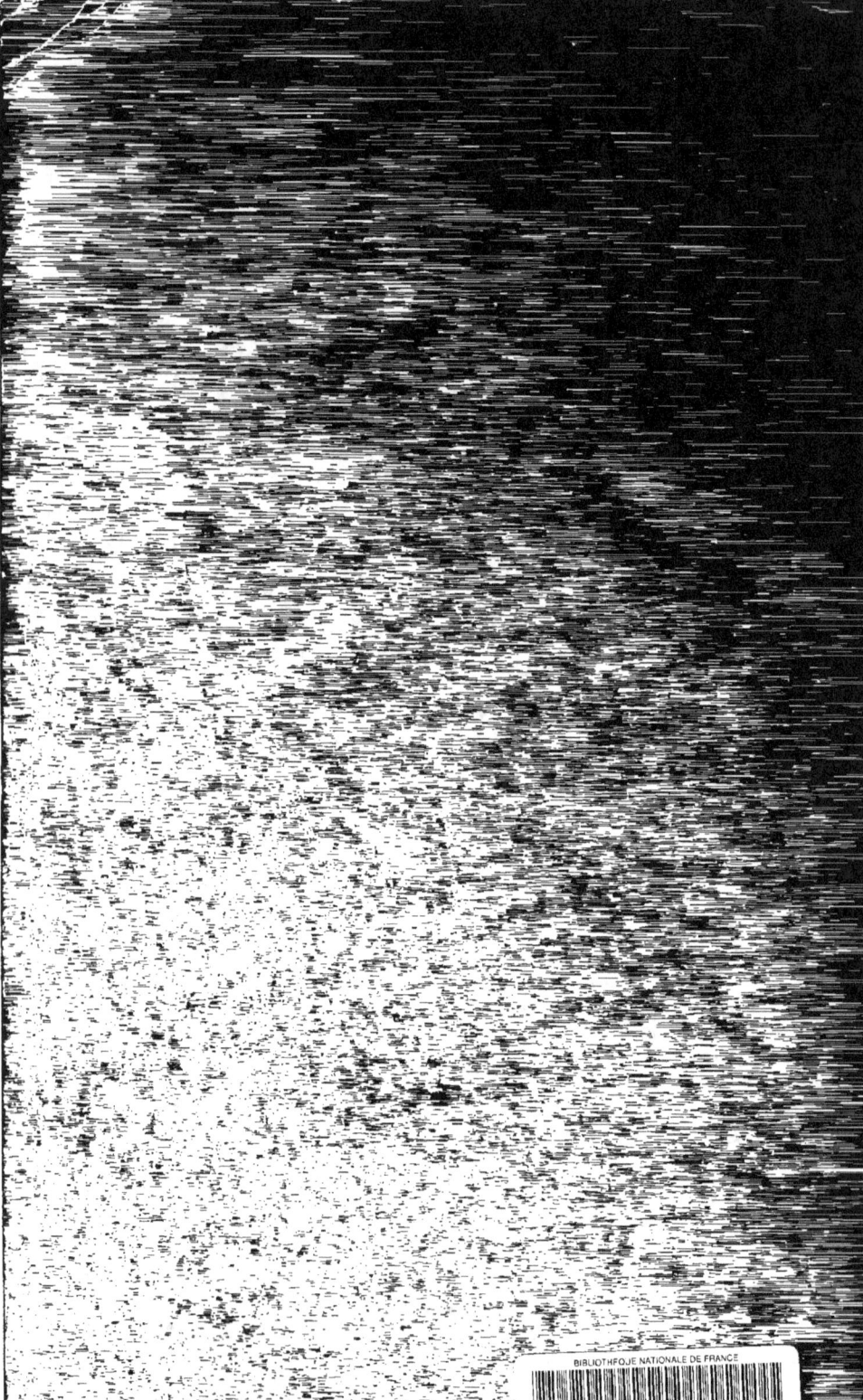

www.ingramcontent.com/pod-product-compliance
Lightning Source LLC
Chambersburg PA
CBHW050022230526
45470CB00003B/1088